INDIGÈNES MUSULMANS

DE L'ALGÉRIE

DANS LES ASSEMBLÉES LOCALES

PAR

E. ROUARD DE CARD

PROFESSEUR AGRÉGÉ A LA FACULTÉ DE DROIT DE TOULOUSE

EXTRAIT DE LA REVUE GÉNÉRALE D'ADMINISTRATION

PARIS

BERGER-LEVRAULT ET Cie, LIBRAIRES-ÉDITEURS

RUE DES BEAUX-ARTS, 5

MÊME MAISON A NANCY

1889

LES

INDIGÈNES MUSULMANS

DE L'ALGÉRIE

DANS LES ASSEMBLÉES LOCALES

PAR

E. ROUARD DE CARD

PROFESSEUR AGRÉGÉ A LA FACULTÉ DE DROIT DE TOULOUSE

EXTRAIT DE LA REVUE GÉNÉRALE D'ADMINISTRATION

PARIS

BERGER-LEVRAULT ET Cie, LIBRAIRES-ÉDITEURS

RUE DES BEAUX-ARTS, 5

MÊME MAISON A NANCY

1889

LES
INDIGÈNES MUSULMANS DE L'ALGÉRIE[1]
DANS LES ASSEMBLÉES LOCALES

Durant les quarante années qui ont suivi la conquête, le public français est resté indifférent aux personnes et aux choses de l'Algérie. Mais, après la guerre malheureuse de 1870, un brusque changement s'est produit. Notre·colonie africaine est devenue tout à coup l'objet de la curiosité générale. Chacun, comprenant qu'elle pourrait dans un avenir prochain dédommager un peu la métropole des pertes subies, s'est mis à la visiter et à l'étudier. Dès lors, toutes les questions relatives à son développement ont été discutées avec le plus grand soin. L'une d'elles a eu même le privilège de soulever dans les livres et dans les journaux de vives polémiques. Nous voulons parler de la condition politique des indigènes musulmans[2].

D'après le sénatus-consulte du 14 juillet 1865, les indigènes musulmans, tant que la naturalisation ne leur a pas été concédée, sont Français, mais ils ne sont pas citoyens français[3]. Par voie de conséquence, ils ne sauraient être admis dans les assemblées électives. Cette solution, qui s'applique d'une façon absolue aux Chambres françaises[4],

---

1. La population musulmane, qui était en 1881 de 2,842,497 habitants, est aujourd'hui de 3,286,821. Recensement de 1886.

2. Les indigènes israélites, ayant été naturalisés collectivement par le décret du 24 octobre 1870, jouissent de tous les droits politiques. Voyez l'étude que nous avons publiée dans la *Revue générale d'administration*, livraison de décembre 1880, p. 399.

3. Article 1er du sénatus-consulte du 14 juillet 1865. Le § 3 de cet article est ainsi conçu : « Il peut, sur sa demande, être admis à jouir des droits de citoyen français. »
Sur la naturalisation des indigènes musulmans, consultez l'étude publiée par nous dans la *Revue générale d'administration*, livraison de décembre 1880, p. 392.

4. Voyez la loi organique du 2 août 1875 sur les élections des sénateurs.
« Art. 11. — Dans chacun des trois départements de l'Algérie, le collège électoral se compose : 1º des députés ; 2º des membres citoyens français du conseil général ; 3º des délégués élus par les membres citoyens français de chaque conseil municipal, parmi les électeurs citoyens français de la commune. »
Cet article n'a été ni modifié, ni abrogé, par la loi du 9 décembre 1884 sur

reçoit au contraire des tempéraments notables quand il s'agit des conseils locaux de l'Algérie. Ce sont ces exceptions que nous nous proposons d'examiner. Nous rechercherons en quoi elles consistent et dans quelle mesure elles pourraient être étendues. Une pareille étude nous semble devoir être faite avec quelque profit au moment où une proposition de loi, tendant à conférer les droits politiques aux indigènes, se trouve déposée sur le bureau de la Chambre des députés [1]. Peut-être démontrera-t-elle qu'au lieu d'accomplir immédiatement et sans transition une réforme si radicale, l'on devrait apporter au régime actuel certaines améliorations qui, pour l'instant, satisferaient les populations intéressées.

Afin de donner une idée complète du sujet, nous allons passer successivement en revue les diverses assemblées locales : le conseil supérieur de gouvernement, les conseils généraux, les conseils municipaux.

Nous n'aurons pas à parler du conseil de gouvernement parce que ce conseil, placé près du gouverneur général, se compose exclusivement de fonctionnaires [2] et n'est autre chose qu'un comité consultatif [3].

---

l'organisation du Sénat et les élections des sénateurs. Arg. des articles 8 et 9 de cette loi.

Voyez aussi l'article 40 de la même loi.

1. Voici le texte de la proposition due à l'initiative de MM. Michelin et Gaulier :

Art. 1er — Les musulmans indigènes des départements de l'Algérie sont déclarés citoyens français.

Art. 2. — Toutes les lois politiques de France leur sont applicables.

Art. 3. — Au point de vue civil, ils restent soumis à leurs lois personnelles, à moins qu'ils ne déclarent, conformément au décret du 24 octobre 1870, qu'ils entendent être régis par les lois civiles de la France.

Art. 4. — Toute disposition législative, tout sénatus-consulte, décret, règlement ou ordonnance contraires sont abolis. (Exposé des motifs, *J. off.*, p. 915, annexe 1486. Dépôt du 16 juin 1887.)

2. Aux termes de l'article 4 du décret du 11 août 1875, sont nommés membres de ce conseil :

1° Le gouverneur général, président ; 2° le directeur général des affaires civiles et financières, vice-président ; 3° le premier président de la cour d'appel ; 4° l'archevêque d'Alger ; 5° le procureur général près la cour d'appel ; 6° le général, chef d'état-major général ; 7° l'amiral commandant supérieur de la marine ; 8° le général commandant supérieur du génie ; 9° l'inspecteur général des travaux civils ; 10° l'inspecteur général des finances ; 11° le recteur de l'Académie ; 12° les conseillers rapporteurs.

Le directeur général des affaires civiles et financières est remplacé aujourd'hui par le secrétaire général du gouvernement de l'Algérie. (Voyez le décret du 15 novembre 1879.)

D'après un décret du 25 octobre 1887, un délégué du ministre de l'agriculture doit faire partie, à l'avenir, du conseil de gouvernement.

Les conseillers rapporteurs sont au nombre de quatre. (Décret du 5 avril 1882.)

3. Sur les attributions du conseil de gouvernement, consultez les décrets du

Quant aux conseils d'arrondissement [1], ils n'existent pas en Algérie. Voici le motif : ces assemblées, dont la mission consiste surtout à répartir les contributions entre les communes, n'auraient aucune utilité dans un pays où les impôts de répartition n'ont pas encore été établis [2].

I.

Conseil supérieur de gouvernement.

L'Algérie possède une haute assemblée, le conseil supérieur de gouvernement [3].

Ce conseil est chargé d'examiner le projet de budget [4], l'assiette et la répartition des impôts préparés par les soins du gouverneur général [5].

Il se compose :

1° Des membres du conseil de gouvernement ;

2° Des officiers généraux commandant les divisions territoriales ;

3° Des préfets des départements ;

4° De six délégués du conseil général de chaque département.

---

10 décembre 1860 et du 30 avril 1861. D'après l'article 9 du premier de ces décrets, le conseil de gouvernement donne son avis sur toutes les affaires renvoyées à son examen par le gouverneur général.

1. Il y a actuellement 17 arrondissements répartis entre les trois départements de l'Algérie.

2. De nos quatre impôts directs, un seul, qui est un impôt de quotité, fonctionne en Algérie : la contribution des patentes. (Ordonnance du 31 janvier 1847 et décret du 26 décembre 1881.) Quant aux trois autres : contribution foncière, portes et fenêtres, contribution personnelle et mobilière, ils n'y sont point encore organisés.

La loi du 23 décembre 1884 a établi, il est vrai, une contribution foncière sur les maisons, usines et généralement sur toutes les propriétés bâties. Mais cette contribution, dont le principal est fixé « uniquement pour mémoire et pour servir de base au calcul des centimes additionnels départementaux et communaux », constitue un impôt de quotité. (Art. 4 de cette loi.) Il convient de remarquer que le décret du 23 septembre 1875 sur l'organisation des conseils généraux prévoyait, dans son article 37, l'établissement d'un impôt foncier de répartition.

Quant à la taxe locative, établie par l'arrêté du 4 novembre 1848, elle a un caractère purement municipal.

3. Il ne faut pas confondre ce conseil avec le conseil de gouvernement. La distinction entre ces deux conseils remonte au décret du 10 décembre 1860.

4. Le budget est définitivement voté par les Chambres françaises et, par conséquent, il ne s'agit ici que de la préparation.

5. Article 7 du décret du 11 août 1875.

Ces délégués sont élus pour trois ans, au scrutin de liste et à la majorité absolue des suffrages [1].

Le gouverneur général a la présidence de droit, mais il peut être remplacé par un vice-président nommé à l'élection [2].

Les indigènes, on le voit, ne sont pas admis à envoyer des représentants spéciaux dans une assemblée où le budget colonial est élaboré et où, dès lors, leurs intérêts doivent être défendus. C'est là une lacune fâcheuse de la législation qu'il convient de signaler et de regretter. Sur ce point, les publicistes qui s'occupent de l'Algérie sont unanimes, quelles que soient d'ailleurs leurs tendances particulières. Il suffit, pour s'en convaincre, de parcourir les nombreux livres publiés sur notre belle colonie durant ces dernières années : tous ou presque tous affirment la nécessité d'une réforme. « Dans ce conseil tout local, sans « attributions politiques, on pourrait, dit justement M. Whal [3], introduire « avec discrétion une représentation indigène. » MM. Clamageran [4] et Leroy-Beaulieu [5] ne tiennent point un autre langage.

Ainsi l'on est généralement d'accord sur le principe. Quant à l'application, quelques divergences se produisent : le nombre et le mode de nomination des représentants ne sont pas déterminés de la même façon par tous les écrivains. Sans entrer dans l'examen de ces diverses opinions, nous pensons que les indigènes de chaque conseil général, nommés désormais à l'élection [6], pourraient choisir deux délégués. Ce système, qui donnerait satisfaction à l'équité et à l'intérêt politique, aurait l'avantage de la simplicité : les représentants français et indigènes seraient désignés d'après la même règle.

---

1. Article 6 du décret du 11 août 1875.
2. Article 11 du décret du 11 août 1875.
3. *L'Algérie,* par Maurice Whal, p. 231.
4. *L'Algérie, impressions de voyage,* par J. J. Clamageran, sénateur, p. 411.
5. *La Colonisation chez les peuples modernes,* par Paul Leroy-Beaulieu, p. 431.
6. Ainsi que nous le dirons plus loin.

II.

Conseils généraux.

Chacun des trois départements [1] de l'Algérie se divise en deux parties : le territoire civil et le territoire de commandement, appelé aussi territoire militaire [2].

Le premier de ces territoires est administré par le préfet, tandis que le second est placé sous l'autorité du général commandant la division [3]. Il y a dans chaque département un conseil général dont l'organisation est copiée sur celle des conseils généraux de la métropole [4].

Dès le jour où les assemblées départementales ont été instituées en Algérie, les indigènes musulmans ont pu y être représentés.

Le décret du 27 octobre 1858, qui réglait l'organisation administrative [5], décidait que les membres des conseils généraux pourraient être choisis « parmi les notables européens et indigènes résidant dans la « province ou y étant propriétaires [6] ». On admettait donc implicitement que le soin de traiter les affaires départementales ne devait pas être confié aux seuls colons. L'idée que l'acte de 1858 contenait en germe, fut par la suite développée. Les décrets du 11 juin 1870 [7] et du

1. La création de nouveaux départements, depuis longtemps projetée, est empêchée par des raisons budgétaires.

2. Le territoire civil va s'augmentant d'une façon sensible ainsi que le démontrent les chiffres suivants :

En 1866, il comprenait. . . . . 1,133,857 hectares.
En 1872. . . . . 3,151,673 —
En 1880. . . . . 7,383,583 —

Dans son discours prononcé, le 14 novembre 1887, à l'ouverture du conseil supérieur, M. Tirman, gouverneur général, disait : « Du 1er janvier 1882 au 31 décembre dernier, le domaine de l'autorité civile s'est accru d'une superficie de 2 millions d'hectares comptant 500,000 habitants. »

3. Article 3 du décret du 23 septembre 1875 : « Le préfet est le représentant du pouvoir exécutif dans le territoire civil du département..... Les pouvoirs administratifs du général commandant la division sont limités au territoire de commandement. Le général exerce dans ce territoire toutes les attributions dévolues à l'autorité préfectorale. »

4. Voyez les divers articles du décret du 23 septembre 1875.

5. Un arrêté du général Cavaignac, en date du 9 décembre 1848, avait antérieurement décidé qu'il y aurait dans chaque département de l'Algérie un conseil général électif (art. 16). Mais cet arrêté demeura lettre morte et, pendant dix ans, notre colonie resta dépourvue d'assemblées départementales.

6. Article 17 du décret du 27 octobre 1858.

7. Article 1er du décret du 11 juin 1870.

28 décembre 1870 [1] ont, d'une façon plus ou moins libérale, reconnu aux indigènes le droit d'avoir des représentants que le décret du 23 septembre 1875, actuellement en vigueur, désigne sous le nom d'*assesseurs musulmans* [2].

Nous allons étudier les règles relatives à la nomination, au nombre et aux droits de ces représentants.

A. — **Nomination**. — Divers modes de nomination ont été tour à tour adoptés.

D'après le décret du 27 octobre 1858, la désignation devait être faite par l'Empereur sur la proposition du ministre de l'Algérie. Les indigènes, du reste, ne pouvaient se plaindre, car ils étaient, sous ce rapport, traités exactement comme les Français [3].

Le décret du 11 juin 1870, conçu dans un esprit très large, introduisit la distinction suivante :

En territoire civil, les conseillers musulmans étaient élus par les électeurs communaux appartenant à leur religion.

En territoire militaire, ils étaient, au contraire, nommés par l'Empereur sur la présentation du gouvernement général [4].

L'application du principe électif que faisait ce décret donna lieu à des critiques. Comment, disait-on, des individus qui n'étaient pas citoyens français se trouvaient-ils électeurs et éligibles [5] ? A cela on pouvait répondre que la même objection se présentait en matière municipale et que cependant, depuis 1866, les indigènes jouissaient de l'électorat. Pourquoi vouloir rétablir entre les conseils généraux et

---

1. Article 5 du décret du 28 décembre 1870.

2. « **Art. 1er.** — Il y a dans chaque département de l'Algérie un conseil général composé de membres français et d'assesseurs musulmans. »

3. Article 17 de ce décret : « Les membres des conseils généraux sont nommés par l'Empereur, sur la proposition du ministre de l'Algérie et des colonies. Ils sont choisis parmi les notables européens et indigènes résidant dans la province ou y étant propriétaires. »

4. Article 8 de ce décret : « Les conseillers français, musulmans, israélites et étrangers du territoire civil sont respectivement élus par les électeurs communaux de chacune de ces catégories.

« Les électeurs peuvent porter leurs suffrages sur les éligibles des diverses catégories.

« Les territoires militaires sont représentés au conseil général par les conseillers français et musulmans nommés par l'Empereur sur la présentation du gouvernement général. »

5. L'objection pouvait être faite et, avec plus de force, pour les étrangers domiciliés auxquels le décret du 11 juin 1870 permettait d'élire des conseillers généraux.

les conseils municipaux une différence qu'aucune raison sérieuse ne pouvait justifier?

Sans tenir compte de ce raisonnement, le gouvernement de la Défense nationale rendit un décret par lequel il abrogeait la décision impériale [1]. Les motifs donnés à l'appui méritent d'être rapportés : « Considérant « que le décret du 11 juin 1870 qui a organisé l'élection des membres « des conseils généraux en Algérie est en opposition avec les principes « du droit public, puisqu'il confère les droits d'électeur et d'éligible en « matière politique à d'autres qu'aux citoyens français ou naturalisés « français. Considérant qu'il ne saurait y avoir, dans les trois départe- « ments de l'Algérie, d'autre politique que la politique française. »

Au reste, tout en réservant aux seuls citoyens français le bénéfice d'une représentation élective, le Gouvernement jugeait convenable « de maintenir au sein des conseils les membres indigènes dont la pré- « sence avait répondu, dans le passé, aux exigences de la situation « particulière des populations [2] ». Seulement, ces membres devaient être nommés par le ministre de l'intérieur sur les propositions du préfet et du général [3].

Depuis lors, le décret du 23 septembre 1875, qui a remanié l'organi- sation des conseils généraux en Algérie, n'a apporté sur ce point aucun changement notable. D'après les articles 5, § 2, et 21, les assesseurs musulmans sont nommés pour six ans par le gouverneur général ; ils sont renouvelables par moitié aux mêmes époques que les conseillers français [4].

Le mode de nomination présentement suivi est l'objet de nom- breuses attaques [5].

---

1. Décret du 28 décembre 1870.

2. Exposé des motifs du décret du 28 décembre 1870.

3. Article 5 du décret du 28 décembre 1870 : « Ces six membres seront nommés par le ministre de l'intérieur, sur les propositions combinées entre le préfet du département et le général de brigade, chargé de l'administration des territoires dits militaires.

« ..... Pour le choix des membres assesseurs, et à mérite égal d'ailleurs entre les divers concurrents, les propositions des autorités départementales se porteront de préférence sur les notables indigènes qui auront acquis des notions pratiques de la langue française, afin qu'ils puissent, par eux-mêmes, se rendre compte de l'esprit des discussions et des intentions libératrices de la France à l'égard des popu- lations musulmanes. »

4. Article 5, § 2, du décret du 23 septembre 1875 : « Les assesseurs sont choisis parmi les notables indigènes domiciliés dans le département et y possédant des propriétés; ils sont nommés par le gouverneur général. »

5. Consultez les ouvrages suivants : *La France coloniale,* par L. Rambaud, p. 53.

On fait d'abord remarquer qu'il est contraire à la logique. Pourquoi les indigènes, qui peuvent élire des conseillers municipaux, ne peuvent-ils pas avoir une représentation élue dans les conseils généraux ? Ne contribuent-ils pas à alimenter aussi bien le budget départemental que le budget communal ? Les impôts arabes ne constituent-ils pas la principale ressource du département[1] ?

Ensuite, dit-on, il présente un grave inconvénient. Les assesseurs musulmans désignés par le gouverneur général ne sauraient avoir une très grande indépendance. Se considérant comme de véritables fonctionnaires, « ils votent presque toujours selon les vues de l'administration « et nomment aux diverses fonctions les candidats qu'elle a pour « agréables[2] ». Ces critiques nous paraissent fondées : le système actuel est une « anomalie désormais peu justifiable[3] ». Aussi, nous demandons que l'on substitue aux assesseurs musulmans des conseillers généraux élus par les électeurs municipaux indigènes. C'est là une réforme indispensable[4] sur laquelle le conseil général d'Alger a, en 1881 et en 1888, attiré l'attention des pouvoirs publics[5].

— *La Colonisation chez les peuples modernes*, par P. Leroy-Beaulieu, p. 481. — *L'Algérie*, par J. J. Clamageran, p. 289 et 411.

1. Les impôts arabes sont : l'*Achour*, qui est prélevé sur les céréales ;

Le *Hockor*, qui, dans la province de Constantine, frappe exclusivement sur les terres *Arch* et vient en sus de l'*Achour* ;

Le *Zekkat*, qui est appliqué aux troupeaux recensés ;

Le *Lezma*, qui, suivant les contrées, est tantôt un impôt de capitation et tantôt un impôt sur les palmiers.

Le rendement de ces impôts est très variable : il peut devenir très faible par suite des mauvaises récoltes ou des épizooties.

Pour l'année 1885, il a été de 15,299,937 fr. 46 c. ; et, pour l'année 1886, de 16,361,002 fr. 87 c.

Les cinq dixièmes du produit sont attribués aux départements.

2. *L'Algérie et les questions algériennes*, par Ernest Mercier, p. 263.

3. *La France coloniale*, par L. Rambaud, p. 53.

4. Tel n'est pas l'avis de M. Ernest Mercier. « Ceux qui voient, dit-il, dans l'élection le remède à tous les maux, proposent de faire élire les assesseurs actuels, soit par le suffrage universel de leurs coreligionnaires, soit, au second degré, par les conseillers municipaux indigènes. On peut essayer, mais à coup sûr, le résultat sera le même, par cette raison que, dans la population arabe, il existe actuellement trop peu d'individus assez instruits, assez au courant de notre civilisation et assez indépendants, pour fournir un personnel convenable aux conseils généraux. » (P. 263.)

5. A la session d'avril 1888, M. Trolard ayant formulé un vœu dans ce sens, le conseil général d'Alger, après échange d'observations, vota par vingt-deux voix contre quatre, une résolution ainsi conçue : « Le conseil général, convaincu qu'il y a lieu d'étudier le mode de la représentation indigène dans l'assemblée départementale, décide de nommer une commission chargée de présenter, à la prochaine session, un projet de délibération motivée sur cette question. »

B. — Nombre. — D'après la législation de 1858, les conseillers généraux pouvaient être pris indistinctement aussi bien parmi les indigènes que parmi les Européens : aucune proportion n'était indiquée [1].

Lorsque le principe électif fut établi, un tableau annexé au décret détermina la part attribuée dans le conseil général à chaque catégorie de conseillers [2]. Le décret du 28 décembre 1870 décida que le nombre des assesseurs musulmans serait fixé à six pour chaque département [3]. Cette disposition n'a pas été modifiée par les décrets postérieurs [4]. Nous estimons qu'elle est trop étroite. Suivant nous, les conseillers indigènes devraient figurer pour un tiers dans la composition de chaque assemblée.

C. — Droits. — Les assesseurs musulmans siègent au même titre que les conseillers généraux élus par les citoyens français [5]. De là résultent les conséquences suivantes :

a) Ils ont, dans toutes les affaires, voix délibérative.

Pendant une période de douze ans (1858 à 1870), ce droit fut reconnu sans difficulté aux conseillers musulmans. Il ne pouvait du reste leur être, à cette époque, sérieusement contesté. N'étaient-ils pas, d'après la législation existante, nommés par le même procédé que les conseillers français et ne devaient-ils pas dès lors avoir les mêmes prérogatives que ces derniers ? Mais, sous l'empire du décret du 28 décembre 1870, des doutes s'élevèrent sur ce point. On prétendit que les membres indigènes, simples assesseurs, ne devaient avoir que voix consultative.

Consulté par le gouverneur général, le ministre de l'intérieur n'admit pas cette manière de voir. A la date du 10 décembre 1871, il prit, avec l'approbation du Président de la République, une décision par laquelle il se prononçait nettement en sens contraire [6]. S'appuyant sur

---

1. Article 17 du décret du 27 octobre 1858.

2. Article 1er du décret du 11 juin 1870.

3. Article 5 du décret du 28 décembre 1870.

4. Le décret du 23 septembre 1875, sur l'organisation des conseils généraux, ne détermine pas le nombre des assesseurs musulmans. Voyez les articles 1 et 5 de ce décret.

Quant aux décrets du 12 octobre 1871, du 29 juillet 1880, du 18 août 1883, ils fixent le nombre de conseillers généraux français indépendamment des assesseurs musulmans désignés par le gouverneur général.

5. Décret du 23 septembre 1875, art. 5, § 2.

6. Décision des 29 novembre - 10 décembre 1871. (Voyez *Dictionnaire de la législation algérienne,* par de Ménerville, t. III, p. 113.)

les dispositions du décret du 28 décembre 1870, il disait : « L'article
« 5 de ce décret, en fixant le nombre des membres du conseil général
« de chaque département, comprend dans ce nombre : *six membres*
« *assesseurs choisis, comme par le passé, parmi les indigènes musul-*
« *mans.* Or, dans le passé, c'est-à-dire de 1858 à 1870, les indigènes
« musulmans, membres des conseils généraux, ont toujours eu voix
« délibérative et, pour les en priver, il eût fallu une disposition
« expresse, alors surtout que l'intention de maintenir leurs droits anté-
« rieurs est formellement exprimée. » Puis, abordant l'objection tirée
du mot *assesseurs*, il montrait qu'elle n'était point sérieuse. « Cette
« qualification n'implique pas nécessairement le retrait de la voix déli-
« bérative, puisque, dans divers textes de la législation coloniale, on
« rencontre des assesseurs ayant tantôt voix consultative, tantôt voix
« délibérative. Tels sont, par exemple, les décrets du 5 mai 1861 et
« 13 décembre 1866 sur la justice musulmane. Il y a donc lieu de
« penser qu'en désignant les indigènes par le titre d'assesseurs, le
« décret du 28 décembre 1870 a voulu marquer une différence d'ori-
« gine entre ces membres, qui devaient être nommés, et les membres
« français qui devaient être élus et nullement retirer aux premiers un
« droit qui résultait pour eux de la législation antérieure. »

Après avoir adopté cette interprétation, le Gouvernement prononça
la dissolution du conseil général d'Alger qui avait refusé d'admettre
les membres indigènes à l'exercice du droit de vote et déclara nulles
les délibérations prises par lui depuis l'ouverture de la session [1].

La question se trouvait ainsi tranchée par le pouvoir exécutif. Mais,
en l'absence d'un texte précis, elle pouvait, d'un moment à l'autre,
être soulevée de nouveau. Il importait de régulariser au plus tôt la
situation. Dans ce but fut votée la loi du 22 novembre 1872, dont l'ar-

---

1. Décret des 20-31 décembre 1871 :

« Considérant que le conseil général du département d'Alger a refusé d'admettre
à l'exercice du droit de vote les membres indigènes désignés en vertu de l'article 5 du décret du 28 décembre 1870 ; qu'ainsi il a excédé la mesure de ses
attributions et méconnu les règles constitutives de son organisation ;

« Considérant que le même refus a entaché de nullité les délibérations prises
jusqu'à ce jour :

« Art. 1er. — Le conseil général du département d'Alger est dissous.

« Art. 2. — Les délibérations prises depuis l'ouverture de la session jusqu'à ce
jour sont et demeurent annulées. »

Ce décret visait les articles 33 et 35 de la loi du 10 août 1871. Or, cette loi
n'ayant pas été promulguée d'une façon spéciale en Algérie, n'y était pas applicable. (Conseil d'État 12 février 1875. D. 1875, III, p. 119.)

ticle 4 était ainsi rédigé : « Jusqu'à la loi sur la réorganisation de
« l'Algérie, les assesseurs musulmans conserveront la voix que leur
« donne le décret du 28 décembre 1870 [1]. »

Depuis la promulgation de cette loi et du décret du 23 septembre
1875, le droit des assesseurs musulmans n'a plus été mis en doute ;
mais on a prétendu que son exercice jetait le trouble dans les conseils
généraux. « On y fait siéger, dit M. Gastu, des membres musulmans
« nommés par l'administration et non citoyens sur le même pied que
« les membres français élus. Le sort des délibérations les plus graves est
« livré à des majorités factices. L'appoint des voix musulmanes, se joi-
« gnant à la minorité, amène ce regrettable résultat. Ainsi est détruite
« l'homogénéité de ces assemblées. Froissées par le défaut de sincérité
« qui dénature l'expression de leurs volontés, elles s'épuisent en
« débats irritants. L'administration a triomphé, il suffit [2]. »

Ces inconvénients et les récriminations qu'ils entraînent à leur suite
cesseront de se produire le jour où l'on reviendra à l'idée vraie :
l'élection des conseillers indigènes.

b) Ils participent à la nomination des membres du bureau : président, vice-présidents et secrétaires [3].

Nous trouvons encore, à ce sujet, des protestations [4] auxquelles la
solution que nous avons présentée doit certainement mettre fin.

c) Ils font partie de la commission départementale.

D'après l'article 69 du décret du 23 septembre 1875, cette commission se compose de cinq membres français et d'un membre musulman
désigné par le gouverneur général [5].

Nous estimons que les conseillers indigènes devraient pouvoir choisir
leur délégué.

---

1. Cette loi avait trait aussi à la composition des conseils généraux de l'Algérie.
2. *Le Peuple algérien*, par F. Gastu, p. 139.
Voyez aussi l'*Algérie et les Questions algériennes*, par E. Mercier, p. 263. « Il
en résulte que l'opinion des conseils généraux est trop souvent faussée. »
3. Cela résulte de la combinaison des articles 5, § 2, et 25 du décret du 23
septembre 1875.
4. « Il serait certainement préférable de réserver l'élection des membres du
bureau aux Français seuls. » (*L'Algérie et les Questions algériennes*, op. cit., p. 263.)
5. Il convient de remarquer que le membre musulman ne peut être président
de la commission départementale. Arg. de l'article 71 du décret : « La commission
départementale est présidée par le plus âgé des membres élus. »

III.

Conseils municipaux.

Les communes de l'Algérie peuvent être classées en trois catégories :

1° Les communes de plein exercice qui n'existent qu'en territoire civil ;

2° Les communes mixtes qui existent en territoire civil et en territoire militaire [1] ;

3° Les communes indigènes ou subdivisionnaires qui n'existent qu'en territoire militaire [2].

L'organisation municipale, qui est presque complète dans le territoire civil, est, au contraire, simplement esquissée dans le territoire militaire. Aussi, nous bornerons notre examen aux communes de plein exercice et aux communes mixtes du territoire civil, laissant de côté les communes mixtes du territoire militaire et les communes indigènes dont le nombre diminue grâce aux progrès incessants de l'administration civile [3].

I. — COMMUNES DE PLEIN EXERCICE.

Les communes de plein exercice sont des circonscriptions administratives dans lesquelles la population européenne a acquis beaucoup de densité et qui, en conséquence, sont, sauf quelques particularités,

---

1. Les communes mixtes ont été établies en territoire militaire par l'arrêté du 20 mai 1868, art. 1er : « Le territoire militaire de chaque subdivision est divisé en communes mixtes et en communes subdivisionnaires. » Voyez aussi l'article 16 du décret du 27 décembre 1866.

L'établissement des communes mixtes en territoire civil est dû à l'initiative du vice-amiral de Gueydon, gouverneur général. L'arrêté du 24 novembre 1871 fit, comme on l'a dit, de la commune mixte « une institution civile ». Voyez *Administration des communes mixtes*, par M. de Peyre, p. 9.

Le général Chanzy, gouverneur civil, donna à la commune mixte du territoire civil sa forme définitive.

2. D'après le recensement de 1886, il y a :

232 communes de plein exercice ;

78 communes mixtes en territoire civil ;

6 communes mixtes en territoire de commandement ;

13 communes indigènes.

3. En 1878, on comptait 17 communes mixtes et 29 communes indigènes. On voit que la diminution est sensible.

administrées comme les communes de la métropole [1]. Le corps municipal de chacune d'elles se compose donc du conseil municipal, du maire et d'un ou de plusieurs adjoints [2]. En outre, il peut y avoir des adjoints indigènes dont l'autorité ne s'exerce que sur leurs coreligionnaires [3].

Depuis quarante ans [4], l'élément indigène n'a pas cessé d'être représenté dans les conseils municipaux. L'ordonnance du 28 septembre 1847, qui introduisit l'organisation municipale en Algérie, décida que la population musulmane, lorsqu'elle atteindrait un certain chiffre, pourrait avoir des conseillers chargés de défendre ses intérêts [5]. Une disposition semblable fut insérée dans le décret du 27 septembre 1866 [6], qui remplaça cette ordonnance [7]. Enfin, la loi du 5 avril 1884

----

1. Loi du 5 avril 1884, art. 164 : « La présente loi est applicable aux communes de plein exercice de l'Algérie sous réserve des dispositions actuellement en vigueur concernant la constitution de la propriété communale, les formes et conditions des acquisitions, échanges, aliénations et partages, et sous réserve des dispositions concernant la représentation des musulmans indigènes.

« Par dérogation aux articles 5 et 6 de la présente loi, les créations de communes, les changements projetés à la circonscription territoriale des communes, quand ils devront avoir pour effet de modifier les limites d'un arrondissement, seront décidés par décret pris après avis du conseil général.

« Par dérogation à l'article 74, les conseils municipaux peuvent allouer aux maires des indemnités de fonctions, sauf approbation du gouverneur général. »

2. Article 1er de la loi du 5 avril 1884, combiné avec article 164 de la même loi.

3. Article 5 du décret du 7 avril 1884 : « Dans les communes de plein exercice où la population musulmane est assez nombreuse pour qu'il y ait lieu d'exercer à son égard une surveillance spéciale, cette population est administrée, sous l'autorité immédiate du maire, par les adjoints indigènes.

« Ces adjoints peuvent être pris en dehors du conseil et de la commune. Dans ces deux cas, ils ne siègent pas au conseil municipal.

« Le préfet détermine, par des arrêtés, les communes où doivent être établis des adjoints indigènes, ainsi que le nombre, la résidence et le traitement de ces agents.

« ..... Les titulaires de ces emplois sont nommés, le maire préalablement consulté, par le préfet qui peut les suspendre, dans la même forme, pour un temps qui n'excédera pas trois mois. »

Voyez aussi l'article 6 du même décret qui énumère les attributions de ces adjoints.

4. M. Leroy-Beaulieu dit que, depuis 1830, toujours l'élément indigène a été représenté, mais il se trompe, car l'organisation municipale en Algérie date seulement de 1847. *Colonisation chez les peuples modernes*, p. 430.

5. Article 13 de l'ordonnance du 28 septembre 1847 : « Dans les communes où la population indigène sera du dixième au moins de la population totale, des indigènes pourront être nommés membres du conseil municipal. »

6. Article 13 du décret du 27 décembre 1866 : « Chacune des trois dernières catégories désignées par l'article 11 a droit de représentation dans le conseil municipal, dès que sa population atteint le chiffre de 100 individus. »

7. Dans l'intervalle, un arrêté du 16 août 1848 avait même reconnu aux indi-

a formellement consacré la représentation des indigènes[1] et le décret du 7 avril 1884 l'a organisée sur des bases nouvelles[2].

Suivant un plan déjà adopté, nous examinerons comment les conseillers musulmans sont nommés, combien ils sont et de quels droits ils jouissent.

A. — Nomination. — En étudiant les textes, nous constatons que, sur ce point, la législation a souvent varié.

L'article 13 de l'ordonnance du 28 septembre 1847 donnait au gouverneur général le droit de nommer tous les conseillers municipaux, français ou indigènes. Ce mode de recrutement devait être bientôt abandonné. Au lendemain de la révolution de Février, l'arrêté du 16 août 1848 vint disposer qu'à l'avenir la nomination se ferait par voie d'élection[3].

Le système nouveau ne fut pas longtemps pratiqué. En 1854, le gouvernement impérial abrogea l'arrêté de Cavaignac et remit en vigueur l'ordonnance royale[4]. Cet acte était la conséquence des tendances réactionnaires qui dominaient alors dans la métropole.

Après quelques années, on revint à des idées plus libérales. Le décret du 27 décembre 1866[5], modifiant l'organisation municipale, rétablit le principe électif. C'est ce principe que nous trouvons soigneusement réglementé dans le décret actuel.

Nous devons insister sur les conditions de l'électorat et de l'éligibilité.

---

gènes le droit d'avoir des représentants élus ; il fut, nous le verrons, abrogé par le décret du 8 juillet 1854.

1. Article 164 de la loi du 5 avril 1884.

2. M. P. Leroy-Beaulieu dit : « Les dispositions administratives très équitables qui avaient régi pendant près d'un demi-siècle le droit municipal en Algérie, ont très malencontreusement été modifiées en 1884 par une loi et un décret empreint de l'esprit le plus rétrograde. *De la Colonisation chez les peuples modernes*, p. 430.

3. Article 3 de l'arrêté du 16 août 1848.

4. Décret du 7 juillet 1854 :

Art. 5. — « Sont applicables au corps municipal desdites communes celles des dispositions du titre Ier de l'ordonnance susvisée du 27 septembre 1847 auxquelles il n'est pas dérogé par le présent décret.

« L'arrêté du chef du pouvoir exécutif du 16 août 1848, sur les municipalités de l'Algérie, est abrogé. »

5. Article 9 du décret du 27 décembre 1876 : « Dans chaque commune, les citoyens français ou naturalisés, les indigènes musulmans, les indigènes israélites, les étrangers élisent, conformément aux dispositions ci-après, leurs représentants respectifs au conseil municipal. »

1. *Électoral.* — D'après l'article 2 du décret du 7 avril 1884, les indigènes musulmans, pour être admis à l'électorat municipal, doivent :

1° Être âgés de vingt-cinq ans.

Sous ce rapport le décret du 7 avril 1884 reproduit le décret du 27 décembre 1866 [1], mais il s'écarte de l'arrêté du 16 août 1848 [2]. Il est, du reste, assez difficile de dire pourquoi les auteurs des décrets ont cru devoir élever la limite d'âge de vingt et un à vingt-cinq ans, supprimant ainsi toute différence entre l'électorat et l'éligibilité. Du moment que l'indigène musulman qui a vingt et un ans peut réclamer la qualité de citoyen français [3], il devrait pouvoir participer aux élections municipales, le premier acte étant, au point de vue politique, plus grave que le second.

2° Avoir une résidence de deux années consécutives.

M. P. Leroy-Beaulieu prétend que le décret nouveau se montre, à cet égard, plus rigoureux que la législation antérieure [4]. Cette affirmation est, comme on l'a fait observer [5], contraire à la vérité. En effet, le décret du 10 septembre 1874, modifiant l'article 10 du décret du 27 décembre 1866, avait substitué au domicile d'un an une résidence de deux années consécutives dans la commune [6]. D'ailleurs, ce changement ne pouvait se justifier par aucune raison sérieuse.

3° Se trouver, en outre, dans l'une des conditions suivantes :

a) Être propriétaire foncier ou fermier d'une propriété rurale.

Le décret du 7 avril 1884, à la différence de l'arrêté de 1848, ne mentionne pas la location des immeubles urbains, mais, en retour, il tient compte de tout fermage de biens ruraux, quel que soit le montant du prix [7].

---

1. Décret du 27 décembre 1866, art. 10.

2. Arrêté du 16 août 1848, article 5 combiné avec article 8.

3. Article 1er du décret du 24 octobre 1870.

4. *De la Colonisation chez les peuples modernes*, p. 430.

5. *Revue algérienne de législation et de jurisprudence*, numéro d'avril 1888, p. 89.

6. Décret du 10 septembre 1874 rendant applicable aux musulmans et aux étrangers habitant l'Algérie, la loi du 7 juillet 1874 :

Art. 1er. — « Les habitants indigènes musulmans et étrangers de l'Algérie devront, pour être admis à l'électorat municipal, remplir, outre toutes les conditions exigées par l'article 10 du décret du 27 décembre 1866, celle d'une résidence de deux années consécutives dans la commune. Ils n'y seront inscrits sur la liste électorale qu'après en avoir fait la demande et avoir déclaré le lieu et la date de leur naissance. »

7. D'après l'arrêté du 16 août 1848, l'indigène musulman payant, depuis six mois au moins, un loyer annuel de plus de 600 fr. pour locations de terres ou

b) Être employé de l'État, du département et de la commune.

On sait que les indigènes peuvent, sans avoir obtenu la naturalisation, être appelés à remplir des fonctions et emplois civils en Algérie. Cette faculté leur a été reconnue par le sénatus-consulte du 14 juillet 1865 : elle a été réglementée par le décret du 21 avril 1866 [1].

c) Être membre de la Légion d'honneur, décoré de la médaille militaire [2], d'une médaille d'honneur ou d'une médaille commémorative ou autorisée par le gouvernement français ou titulaire d'une pension de retraite [3].

L'article 10 du décret du 27 décembre 1866 accordait aussi l'électorat à celui qui exerçait une profession, un commerce ou une industrie soumis à l'impôt des patentes. Aucune disposition analogue ne se trouve dans le décret du 7 avril 1884 ; donc, les indigènes patentés ne peuvent plus figurer parmi les électeurs. Nous estimons que cette omission, volontaire ou non, est regrettable [4]. Il nous semble, en effet, qu'un commerçant ou un industriel payant une patente, sera plus intéressé à bien choisir les conseillers municipaux qu'un ancien militaire décoré d'une médaille commémorative ! Au reste, tout en déplorant cette lacune, nous pensons qu'elle ne saurait être comblée autrement que par voie de décret. C'est donc à tort qu'on a continué d'inscrire les musulmans patentés sur les listes électorales. Une semblable pratique, « quelque conforme qu'elle puisse paraître aux « égards que l'administration française doit aux indigènes, ne pourra « manquer d'être condamnée dès qu'un individu inscrit sur la liste « électorale usera du droit qui est conféré à tout électeur par l'article

---

maisons, était admis à concourir à l'élection des conseillers municipaux, article 5 combiné avec article 8.

1. Le décret du 21 avril 1866 contient un tableau des fonctions ou emplois civils auxquels l'indigène musulman peut être appelé en Algérie. Les services énumérés sont les suivants : justice, postes et télégraphes, travaux publics, instruction publique, finances, eaux et forêts, administration générale et municipale.

2. L'indigène musulman peut servir dans les armées de terre et de mer. Sénatus-consulte du 14 juillet 1865, art. 1er, § 2. Le décret du 21 avril 1886 règle l'admission, le service et l'avancement des indigènes dans les deux armées, art. 1 à 10.

3. Les indigènes, titulaires de fonctions et emplois civils, ont droit à la pension de retraite aux conditions, dans les formes et suivant les tarifs qui régissent les fonctionnaires civils en France. Toutefois, leurs veuves ne sont admises à la pension civile que si le mariage a été accompli sous la loi civile française, tit. III, art. 10, §§ 3 et 4, du décret du 21 avril 1866.

4. M. P. Leroy-Beaulieu critique aussi, à ce propos, le décret de 1884. *La Colonisation chez les peuples modernes*, p. 430.

« 19 du décret organique du 2 février 1852, en réclamant leur ra-
« diation [1] ».

Notons, en terminant, que les indigènes ne sont inscrits sur la liste
des électeurs musulmans qu'après en avoir fait la demande et avoir
déclaré le lieu et la date de leur naissance [2].

II. *Éligibilité.* — Les indigènes musulmans peuvent choisir leurs
représentants non seulement parmi leurs coreligionnaires, mais aussi
parmi les citoyens français ou naturalisés. L'article 3 du décret du
7 avril 1884 fixe d'une façon différente les conditions d'éligibilité suivant que les individus qu'il s'agit d'élire appartiennent à l'une ou à
l'autre de ces deux catégories.

Les indigènes musulmans, pour pouvoir être élus, doivent :

1° Être âgés de vingt-cinq ans ;

2° Être domiciliés dans la commune depuis trois ans au moins ;

3° Être inscrits sur la liste des électeurs municipaux [3].

Quant aux citoyens français ou naturalisés, ils ne sont éligibles au
titre musulman que s'ils remplissent les conditions prescrites par l'article 31 de la loi du 5 avril 1884 [4].

B. — **Nombre.** — L'article 1er du décret du 7 avril 1884 fixe le nombre des conseillers élus par les indigènes musulmans, de la façon suivante :

Deux conseillers de 100 à 1,000 habitants musulmans. Au-dessus de
ce chiffre, il y aura un conseiller de plus par chaque excédant de
1,000 habitants musulmans sans que le nombre de ces conseillers
puisse jamais dépasser le quart de l'effectif total du conseil, ni dépasser le nombre de six [5].

----

1. *Revue algérienne de législation et de jurisprudence,* p. 89.

2. Un arrêté du gouverneur général du 27 novembre 1884 a réglé les détails
d'application du décret.

3. Ce sont les trois conditions exigées antérieurement par le décret du 27 décembre 1866, art. 12.

D'après l'arrêté du 16 août 1848, tous les musulmans électeurs, âgés de vingt-
cinq ans, étaient éligibles.

4. Art. 31. — « Sont éligibles au conseil municipal, sauf les restrictions portées
au dernier paragraphe du présent article et aux deux articles suivants, tous les
électeurs de la commune et les citoyens inscrits au rôle des contributions directes ou justifiant qu'ils devaient y être inscrits au 1er janvier de l'année de
l'élection, âgés de vingt-cinq ans accomplis. »

5. Voyez les considérants de ce décret : « Attendu qu'il importe de déterminer

M. P. Leroy-Beaulieu, parlant de cet article et le comparant à la disposition correspondante du décret antérieur [1], dit : « Qu'il a réduit au « quart, au lieu du tiers, le nombre des conseillers municipaux que « pourraient élire les musulmans pour chaque conseil [2]. »

Suivant M. Eugène Godefroy, une pareille assertion n'est pas absolument exacte, puisque le tiers était précédemment partagé entre la représentation musulmane et la représentation étrangère [3].

L'un et l'autre se trompent sur la portée du décret de 1866. En effet, le tiers dont parlait l'article 13 de ce décret devait être réparti entre trois catégories d'habitants : les étrangers, les indigènes israélites [4], les indigènes musulmans, et, dès lors, la part attribuée à ces derniers devait être d'autant plus restreinte.

Du reste, nous ne voulons pas nous arrêter davantage à une discussion qui nous paraît oiseuse. Il nous suffit de constater que la proportion actuelle est trop faible [5]. Le nombre des conseillers musulmans devrait être porté au tiers de l'effectif total, le chiffre de six pouvant être dépassé.

C. — **Droits.** — Les conseillers élus par les indigènes musulmans siègent au même titre que les conseillers élus par les citoyens français [6].

à nouveau le chiffre des conseillers musulmans, en tenant compte à la fois des effectifs des nouveaux conseils et de la population musulmane de chaque commune. »

1. Décret du 27 décembre 1866, art. 11 et 13 :

Art. 11. — « Il est dressé, pour chaque commune, par sections municipales et par catégories d'habitants, une liste comprenant : les citoyens français ou naturalisés, — les indigènes musulmans, — les indigènes israélites, — les étrangers, remplissant les conditions énumérées en l'article 10.

Art. 13. — « Le nombre des conseillers appartenant aux trois dernières catégories ne peut dépasser le *tiers* du nombre total des membres du conseil, ni être inférieur à trois. Le nombre des membres à élire pour chacune des trois catégories ci-dessus désignées est fixé, pour chaque commune, par un arrêté du gouverneur général, le conseil de gouvernement entendu. »

2. *De la Colonisation chez les peuples modernes*, p. 430.

3. *Revue algérienne de législation et de jurisprudence*, numéro d'avril 1888, p. 87.

4. Les israélites n'étant pas encore naturalisés en masse, avaient des représentants spéciaux.

5. Elle est dans les plus grandes villes de :

6 musulmans, au maximum, contre 21 à 36 Français ;

Dans les plus petites localités :

De 2 musulmans contre 10 Français. Voyez l'étude de M. Godefroy déjà citée.

6. Article 4 du décret du 7 avril 1881.

Toutefois, ce principe comporte deux restrictions[1] :

1° D'abord, ils ne prennent pas part à la désignation des délégués pour les élections sénatoriales. Sous ce rapport, le décret du 7 avril 1884 fait simplement l'application de l'article 11 de la loi du 2 août 1875.

2° Ensuite, ils ne participent pas à la nomination du maire et des adjoints. C'est là une innovation introduite par le décret du 7 avril 1884.

Antérieurement, du moins depuis la promulgation des lois qui consacraient l'élection des maires et adjoints[2], les conseillers indigènes étaient admis à voter. Aussi, la disposition nouvelle qui leur enlevait ce droit fut-elle fort mal accueillie. Dès le 18 mai 1884, les musulmans du conseil d'Alger déposèrent la protestation suivante :

« Le décret du 7 avril dernier a retiré aux musulmans des commu-
« nes de plein exercice, le droit dont nous jouissons depuis fort long-
« temps de concourir à la nomination des maires et des adjoints. Au
« moment où vous allez procéder à ce choix, nous tenons à protester,
« tant en notre nom qu'au nom de nos électeurs, contre une mesure
« incompréhensible, illégale même, en ce sens qu'elle est contraire à
« l'esprit et à la lettre de l'article 164 de la loi du 5 avril dernier, qui
« nous retire un droit que nous avions et dont nous n'avons jamais
« mésusé.

« Nous devons exprimer ici toute la douleur que nous ressentons à
« la suite de cette privation.

« Entièrement soumis à la France, les musulmans d'Alger, en parti-
« culier, lui ont donné, en maintes circonstances, des marques de
« leur dévouement. Bien que n'ayant pas de représentants au Parle-
« ment, nous espérons que nos voix y parviendront et que des cœurs
« sympathiques et généreux, comme les vôtres, soutiendront notre
« cause et la feront triompher[3]. »

---

1. Aucune restriction n'existe, lorsque les conseillers élus par les indigènes musulmans sont citoyens français.

2. La loi du 12 août 1876, qui rendait au conseil municipal le droit d'élire le maire et les adjoints parmi ses membres, faisait une exception pour les communes chefs-lieux de département, d'arrondissement et de canton, où la nomination devait avoir lieu par décret du Président de la République. Cette limitation fut supprimée par la loi du 28 mars 1882, dont l'article 3 portait: « La présente loi est applicable à l'Algérie sous réserve des dispositions du décret du 27 décembre 1866, concernant les adjoints indigènes. »

3. Cette protestation était signée par MM. Abderrhaman Bonatero, — Ben Mara-

Ces doléances étaient fondées. Vainement on a cherché à y répondre en disant que le maire était non seulement le représentant de la commune, mais l'agent du pouvoir central[1]. Un pareil argument peut, sans doute, servir à expliquer la nomination directe par le chef de l'État, mais il ne saurait être invoqué à propos de la question que nous examinons. Du moment que le principe électif est consacré par le législateur, nous pensons que tous les conseillers municipaux indistinctement doivent prendre part à l'élection du maire. Ainsi le veulent la raison et l'équité[2].

II. — COMMUNES MIXTES DU TERRITOIRE CIVIL.

Les communes mixtes sont des circonscriptions administratives dans lesquelles la population indigène est dominante, mais dans lesquelles, cependant, la population européenne commence à fonder quelques établissements[3]. Elles sont créées et organisées par des arrêtés du gouverneur général délibérés en conseil de gouvernement[4].

Dans chacune d'elles, on trouve un administrateur et une commission municipale.

Nommé par le gouverneur général, sur la proposition du préfet[5] et

bet, — Mouloud ben Saïd, — Chikiken, — Ben-Sidi-Saïd. Avant de la déposer, Abderrhaman Bonatero prononça un petit discours dans lequel nous relevons les phrases suivantes : « Nous siégeons dans cette enceinte au même titre que les citoyens français : les mêmes intérêts nous y réunissent. Dans ces conditions, il ne saurait exister d'antipathie de race ; nous avons tous les mêmes auteurs : Adam et Ève ; nous sommes tous d'une même famille. Chacun de nous a sa dignité ; si nous la respectons chez autrui, nous avons droit à la réciprocité. La France, dans sa sagesse, entend que nous soyons gouvernés avec modération, clémence et justice. » *Petit Algérien* du 22 mai 1884.

1. Voyez *Analyse du cours de législation algérienne* professé par M. Léon Charpentier, à l'École supérieure de droit d'Alger, p. 50.

2. *De la Colonisation chez les peuples modernes*, par M. P. Leroy-Beaulieu, p. 430.

3. Cette définition se trouve dans les documents officiels. Voyez l'*État actuel de l'Algérie* publié par ordre de M. Grévy, p. 4.

4. Article 7 du décret du 7 avril 1884 : « Des arrêtés du gouverneur général délibérés en conseil de gouvernement, pourvoient à la création et à l'organisation des communes mixtes et des communes indigènes. »

5. Arrêté du gouverneur général du 12 juin 1882, art. 1er.

Cet article indique les conditions d'aptitude. « Nul ne peut être nommé administrateur de commune mixte s'il n'est âgé de 30 ans au moins ; s'il ne justifie de cinq années de service en Algérie, soit dans l'administration centrale ou l'administration départementale, soit comme magistrat, soit comme officier de l'armée active, soit dans une administration financière recrutée au concours, s'il n'a subi pourvu d'un traitement[1], l'administrateur remplit les fonctions de maire et, de plus, réprime, par voie disciplinaire, les infractions spéciales à l'indigénat commises par les indigènes non naturalisés[2].

Pour le seconder, et, au besoin, le remplacer, il y a un adjoint qu'on désigne sous le nom d'adjoint à l'administrateur[3].

La commission municipale qui est investie des attributions conférées aux conseils municipaux de l'Algérie par l'ordonnance du 28 septembre 1847[4], se compose :

1º De l'administrateur, président, ou, à son défaut, en cas d'absence ou d'empêchement, de l'adjoint à l'administrateur;

2º D'adjoints français chargés, dans leurs sections respectives, des fonctions d'officiers de l'état civil[5];

3º De membres français;

4º De membres indigènes remplissant les fonctions d'adjoints dans leurs sections respectives[6].

---

avec succès, au moins pour les épreuves orales, l'examen pour l'obtention de la prime de 2e classe de langue arabe ou kabyle. » Voyez aussi la circulaire du 20 octobre 1882 et l'arrêté du 2 avril 1883 relatif aux peines disciplinaires, aux congés et au costume du personnel des communes mixtes.

1. Arrêté du 31 août 1830, art. 2 et 3. — Arrêté du 12 juin 1882, art. 2.

2. La loi du 28 juin 1881, art. 1er, portait : « La répression par voie disciplinaire, des infractions spéciales à l'indigénat, appartient désormais, dans les communes mixtes du territoire civil, aux administrateurs de ces communes.....

« Ils appliqueront des peines de simple police aux faits précisés par les règlements comme constitutifs de ces infractions. »

Ce pouvoir disciplinaire, concédé d'abord pour une durée de 7 ans seulement (art. 3), a été maintenu pour deux autres années par la loi de juin 1888. On peut lire, à ce sujet, une discussion intéressante du Sénat. Séances des 22 et 25 juin 1888, J. off., p. 991 et suiv.

3. Les adjoints sont nommés par arrêté du gouverneur sur la proposition du préfet. Sur les conditions de nomination, consultez l'article 1er de l'arrêté du 12 juin 1882.

4. On applique l'article 11 de l'arrêté du 20 mars 1868. Cet article est ainsi conçu : « Les commissions municipales délibèrent sur toutes les matières soumises aux conseils municipaux des communes de plein exercice par les articles 34, 35, 37 et 38 de l'ordonnance du 28 septembre 1847.

5. La délégation est donnée par l'administrateur aux adjoints français en vertu de l'article 11 de l'arrêté du 20 mai 1868. Voici le texte de cet article : « Lorsque la commune mixte est divisée en sections, il est institué, pour chaque section, hors du chef-lieu, un adjoint spécial, chargé des fonctions d'officier de l'état civil et des autres attributions municipales qu'il conviendrait au commandant du cercle de lui déléguer.

Cette disposition, qui visait les communes mixtes du territoire militaire, est étendue aux communes mixtes du territoire civil.

6. Ces fonctions sont celles des adjoints indigènes dans les communes de plein exercice. Articles 5 et 6 du décret du 7 avril 1884.

Le nombre de ces membres est fixé par l'arrêté de création de la commune [1].

Les adjoints et les membres français, qui primitivement étaient nommés par le préfet [2], sont aujourd'hui, comme les conseillers municipaux des communes de plein exercice, élus par les citoyens français inscrits sur la liste électorale [3].

Ils sont nommés pour quatre ans et renouvelés le premier dimanche de mai [4].

Au contraire, les membres indigènes demeurent toujours à la nomination du préfet, qui peut les suspendre et les révoquer [5]. Cette différence est critiquable : à tous égards, il convient que le système électif soit appliqué aussi bien aux membres indigènes qu'aux membres français.

Conclusion.

Les indigènes musulmans, on vient de le voir, sont représentés dans la plupart des assemblées locales de l'Algérie. Toutefois, nous avons relevé, dans la législation actuelle, quelques lacunes et de

1. On peut, à ce sujet, consulter tous les arrêtés de création pris de 1879 à 1888. Voyez aussi l'article 7 du décret du 7 avril 1884 et l'article 2 de l'arrêté du 7 avril 1888..

2. Article 7 de l'arrêté du 20 mai 1868, modifié par l'article 3 de l'arrêté du 24 novembre 1871 : « Les adjoints et les membres des commissions municipales sont nommés, pour trois ans, par le préfet et peuvent toujours être renommés. »

3. Article 7 du décret du 7 avril 1884 : « Dans les centres européens compris dans le périmètre des communes mixtes, les adjoints et les membres français des commissions municipales, dont le nombre continuera d'être fixé par les arrêtés de création, sont élus par les citoyens français inscrits sur la liste électorale. »

4. Décret du 12 avril 1887, art. 1 et 2. Arrêté du 7 avril 1888, art. 1.

5. Circulaires du gouverneur général du 16 mai 1874, du 15 septembre 1880, du 8 décembre 1882. Voici un passage intéressant de cette dernière circulaire : « Aux termes de l'article 6 de l'arrêté du 24 novembre 1871, les membres des commissions municipales des communes mixtes sont choisis parmi les habitants de la circonscription communale remplissant les conditions exigées pour faire partie des conseils municipaux en Algérie. Cela veut dire que l'adjoint indigène, lequel représente toujours, au sein de la commission municipale, le douar ou la tribu dont il est le chef, doit être d'une honorabilité reconnue et avoir, autant que possible, sa résidence, sinon dans le douar même, au moins dans la commune mixte. Dans ces conditions, je ne saurais voir aucun inconvénient à ce que vous usiez toujours, en vertu de la délégation du 16 mai 1874, du pouvoir de nommer les adjoints indigènes. » Voyez l'article 3 du décret du 12 avril 1887 sur le renouvellement des membres nommés par l'administration.

nombreuses imperfections. Suivant nous, il faudrait introduire les réformes suivantes :

1° Ouvrir aux indigènes l'entrée du conseil supérieur du gouvernement ;

2° Substituer aux assesseurs musulmans nommés par le gouverneur des conseillers généraux élus par leurs coreligionnaires ;

3° Améliorer le décret du 7 avril 1884 relatif à la représentation des indigènes en faisant disparaître les restrictions qui sont de nature « à « froisser de plus en plus les Arabes, au fur et à mesure qu'ils devien- « nent plus instruits et plus semblables aux colons[1] » ;

4° Dans les communes mixtes, faire nommer à l'élection les membres indigènes des commissions municipales.

Ces changements une fois accomplis, les musulmans pourront plus largement participer au maniement des affaires locales et s'habituer peu à peu à la vie publique. Quand ils auront ainsi fait une sorte d'apprentissage, alors seulement on pourra, avec quelque profit, leur accorder le titre de citoyen français[2]. Procéder autrement ce serait risquer de faire une concession plus nuisible qu'utile à ceux qui en seraient l'objet.

En résumé, la proposition de MM. Michelin et Gaulier, inspirée par des sentiments généreux, nous paraît venir trop tôt. Elle ne doit pas être adoptée tant que les réformes indiquées plus haut n'auront pas été réalisées et n'auront pas produit tout leur effet. Ce n'est là, du reste, qu'un sursis de quelques années qui ne saurait avoir de graves inconvénients, puisque les musulmans[3], désireux d'acquérir la pléni-

---

1. *De la Colonisation chez les peuples modernes*, p. 430.

2. Dans un article intitulé : *Questions algériennes et tunisiennes*, M. Gomel recommande aussi au législateur la prudence : « En attendant, dit-il, que l'on permette aux Arabes de participer au choix des députés algériens, il serait juste de donner aux plus dignes d'entre eux, aux propriétaires, aux patentés, à ceux qui ont servi dans nos armées ou qui sont employés dans les fonctions publiques une représentation élective dans toutes les assemblées locales qui ont à prononcer sur leurs intérêts, conseils municipaux, conseils généraux et conseil supérieur de l'Algérie. » *Journal des économistes*, livraison de novembre 1887. Il y a lieu de faire une petite critique au point de vue de la forme ; par suite des expressions trop générales qu'emploie l'auteur, on pourrait croire que les indigènes n'ont pas de représentants élus dans les conseils municipaux.

3. Les musulmans sont peu disposés à se faire naturaliser pour devenir citoyens français.

De 1865 à 1886 on ne constate que 690 naturalisations.

Du 1er janvier 1887 au 1er octobre de la même année, il y a eu :

10 demandes formulées ;

tude de droits politiques, n'ont qu'à recourir à la procédure si simple de la naturalisation !

---

3 naturalisations accordées.

M. Mercier, qui connait bien les sentiments des populations musulmanes, dit à ce propos : « C'est que l'indigène, algérien, arabe ou kabyle, est absolument incapable de comprendre les beautés du régime représentatif et parlementaire. Il est, par nature, par habitude et par religion, essentiellement aristocratique ; aussi recherche-t-il avec empressement les honneurs et les emplois. Le Kabyle, particulièrement dans la Kabylie du Djurdjura, a des instincts plus démocratiques, mais sa démocratie s'arrête à son village, presque à son foyer, c'est un communaliste particulariste. » *L'Algérie et les questions algériennes*, p. 289.

Nous avons indiqué d'autres raisons pour lesquelles les indigènes ne veulent pas profiter des dispositions du sénatus-consulte de 1865. Voyez notre étude sur la *Naturalisation des indigènes musulmans*. *Revue générale d'administration*, livraison de décembre 1880, p. 397 et suiv.

Nous devons signaler le vœu du conseil général d'Alger, ayant pour but de faire repousser par le Parlement le projet de naturalisation en masse des indigènes musulmans, session d'octobre 1888.

Nancy, imprimerie Berger-Levrault et Cie.

LIBRAIRIE ADMINISTRATIVE BERGER-LEVRAULT ET Cie

Annuaire statistique de la France. Publication du ministère du commerce et de l'industrie, service de la statistique de France. 11e année, 1888. Volume gr. in-8° de 527 pages, broché. . . . . **10 fr.**

Statistique générale de la France. Résultats statistiques du **Dénombrement de 1886**, publiés par le ministère du commerce et de l'industrie. 1888. Un beau volume gr. in-8°, 174 pages de texte, 317 pages de tableaux, 21 diagrammes, 40 cartes de France sur 16 planches en couleurs, broché. . . . . **30 fr.**

Statistique agricole de la France, publiée par le ministère de l'agriculture. Résultats généraux de l'enquête décennale de 1882. Vol. gr. in-8° de 773 p., 1888, br. . . **12 fr.**

Situation des étrangers en France au point de vue du recrutement. Petit manuel théorique et pratique d'extranéité à l'usage des mairies, par A. L'ESPRIT, commis-rédacteur à la mairie du 2e arrondissement de Paris. 1888. In-8° . . . **1 fr. 25 c.**

Répertoire alphabétique des maladies, infirmités ou vices de conformation qui rendent impropre au service militaire, par A. PÉRAQUI, chef de division à la préfecture de la Charente. 1888. Un volume in-8° . . . . **3 fr.**

La Législation sur les épizooties et son application, par E. BÉRARD, chef de division à la préfecture du Finistère. 2e édit. 1888. Un vol. in-8°, broché, 4 fr. ; relié. **5 fr.**

Les Battues communales, par J. LEFOURNIER, secrétaire général de la préfecture d'Eure-et-Loir. 1888. Gr. in-8° . . . . **1 fr.**

Des Recours établis pour illégalité d'impôts, par Alfred DES CILLEULS, chef de division à la préfecture de la Seine, 1888. Grand in-8°, broché . . . . **1 fr. 50 c.**

Les Ponts à péage. — Historique, législation, rachat, par L. DELANNEY, rédacteur au ministère de l'intérieur. 1889. Gr. in-8°, broché . . . . **2 fr. 50 c.**

Les Différentes formes de l'impôt sur le revenu, par A. MARTINET, sous-préfet de Cherbourg. 1888. Vol. gr. in-8°, broché. . . . . **3 fr. 50 c.**

Traité de la juridiction administrative et des recours contentieux, par E. LAFERRIÈRE, vice-président du Conseil d'État. Tome I. Notions générales et législation comparée. Histoire. Organisation. Compétence de la juridiction administrative. 1887. Volume grand in-8° de 688 p., broché . . . . **12 fr.**

— Tome II. Marchés. Dommages. Responsabilité de l'État. Pensions. Contributions directes. Élections, etc. 1888. Volume gr. in-8° de 700 pages, broché. . . . . **12 fr.**

Conférences sur l'administration militaire faites à l'École supérieure de guerre, par Ch. CRETIN, sous-intendant militaire, 1889. Vol. gr. in-8° de 658 p., br. . . . **10 fr.**

L'Enseignement primaire professionnel. Étude sur la législation en vigueur et sur les attributions respectives du ministère de l'instruction publique et du ministère du commerce, suivi des textes législatifs, par G. PAULET, chef de bureau au ministère du commerce. 1888. Volume in-8°, broché. . . . . **3 fr.**

Des Obligations et des droits des communes en matière d'écoles, par J. DEJAMME, auditeur au Conseil d'État. 1889. Gr. in-8°, broché . . . . **2 fr.**

Les Portions ménagères et communales en France et à l'étranger, par Ernest PASSEZ, avocat au Conseil d'État et à la Cour de Cassation. 1888. Gr. in-8°, broché. . . **2 fr.**

Administration et comptabilité des bureaux de bienfaisance. Traité pratique, par Léon THORLET, chef de bureau à la préfecture de la Seine. 1888. Volume in-8°, broché, 5 fr. Relié en percaline . . . . **6 fr. 50 c.**

Les Asiles d'incurables et les dépôts de mendicité, par J. de CRISENOY, ancien conseiller d'État, 1889. Gr. in-8°, broché . . . . **1 fr.**

La Loi municipale. Commentaire de la loi du 5 avril 1884 sur l'organisation et les attributions des conseils municipaux, par Léon MORGAND, chef de bureau à la Direction de l'administration départementale et communale au ministère de l'intérieur. 1er volume : *Organisation.* 2e vol. : *Attributions et comptabilité.* 3e édition revue. 1887. 2 vol. in-8° brochés. 15 fr. Reliés en percaline . . . . **18 fr.**

Loi du 5 avril 1884 sur l'organisation municipale, commentée et annotée par F. GRÉLOT, secrétaire général de la préfecture de la Gironde. 2e édition revue et augmentée, 1889. Volume in-12 de 550 pages, broché 5 fr. Relié . . . . **6 fr.**
